ZARINE

OU

L'ENFANT CHÉRI DES DAMES

PARODIE EN DEUX ACTES, MÊLÉE DE COUPLETS

PAR

MM. VARIN ET DUPIN

REPRÉSENTÉE POUR LA PREMIÈRE FOIS, A PARIS, SUR LE THÉÂTRE DES FOLIES-DRAMATIQUES, LE 13 FÉVRIER 1855.

DISTRIBUTION DE LA PIÈCE.

GRANPIERRE	MM. ARNOLD.
GALAPIAT	E. VAVASSEUR.
MINCÉTOFFE	FORMOSE.
BOISSEC	BELMONT.
ZARINE	Mmes COLBRUN.
FLORA	PHILIPPE.
PREMIÈRE OUVRIÈRE	ÉLISE.
DEUXIÈME OUVRIÈRE	DÉLIGNY.

NOTA. — Toutes les indications sont prises de la salle. — Les personnages sont placés en tête des scènes dans l'ordre qu'ils occupent, c'est-à-dire que le premier inscrit tient la gauche. Les changements de position sont indiqués par des renvois. Au besoin de renseignements, s'adresser au souffleur du théâtre.

ZARINE OU L'ENFANT CHÉRI DES DAMES.

ACTE I.

La cour d'une manufacture. — A droite, au premier plan, la loge du concierge. — Au fond, la grille d'entrée. — Au premier plan, à gauche, le pavillon de Zarine ; devant le pavillon, une table et deux chaises.

SCÈNE I.

GALAPIAT, OUVRIERES.

GALAPIAT, il a un habit clair et au bras gauche une fausse manche couleur foncée.

(Au lever du rideau, Galapiat entre par la grille du fond, en courant. Il est poursuivi par une troupe d'ouvrières ; il se sauve par la coulisse de droite, troisième plan, rentre par celle du premier plan, même côté, sort par le premier plan à gauche, et rentre par le troisième plan, même côté. Cette course s'exécute sur de la musique. Enfin Galapiat s'arrête en scène, entouré par les ouvrières.)

CHŒUR D'OUVRIERS.

Air du *Serment.*

Beau papillon, à l'œil si doux,
Qui captivez toutes les belles,
Craignez-vous de brûler vos ailes
En vous arrêtant près de nous !

GALAPIAT.

Décidément le sexe m'importune,
Ah ! quel malheur, hélas ! d'être si beau !
La blond', la rouss', la châtaigne et la brune
Chacun' de moi voudrait prendre un morceau ?

CHŒUR.

Beau papillon , etc., etc.

GALAPIAT.

Sapristi, mesdemoiselles, fichez-moi la paix !

UNE OUVRIÈRE.

Dites-donc ! (Elle lui parle à l'oreille.)

GALAPIAT.

Ah ! mais non ! ah ! mais non !... ça ne se peut pas !... (A une

autre qui lui parle aussi à l'oreille.) Ah! ben oui!... ah! ben oui!
voulez-vous vous taire !... Elle me rend honteux.

LES OUVRIÈRES, riant.

Ah! ah! ah! ah!...

GALAPIAT.

Petites folles! vous m'aimez... vous soupirez toutes après
moi! j'en suis bien fâché! Mais moi, je n'ai qu'un cœur !... et
encore je ne l'ai pas dans ce moment-ci!... Je l'ai prêté à quel-
qu'un... quand on me le rendra, nous verrons ; je vous permets
d'espérer!

SCÈNE II.

LES MÊMES, ZARINE.*

ZARINE, sortant du pavillon.

Hein! qu'est-ce qui a frappé mon ouïe?

GALAPIAT.

Oh! la bourgeoise!

ZARINE.

Comment, effrontées que vous êtes! vous voilà encore pen-
dues après ce garçon?

GALAPIAT.

Faites-les finir... faites-les finir... elles m'agacent!

ZARINE, aux ouvrières.

Rentrez vite à l'atelier... Mincétoffe a de l'ouvrage à vous
distribuère.

GALAPIAT, à part.

Elle fait sonner les r... elle est en colère !

CHŒUR D'OUVRIÈRES.

Air du *Serment.*

Beau papillon, à l'œil si doux,
Qui captivez toutes les belles,
Craignez-vous de brûler vos ailes,
En vous arrêtant près de nous !

(*Les ouvrières sortent.*)

SCÈNE III.

ZARINE, GALAPIAT.

ZARINE.

Galapiat... je me vois dans la nécessité de vous dire que
vous êtes un polisson !

GALAPIAT.

Bourgeoise! je suis trop bien... je suis un homme à
femmes...

* zarine, Galapiat.

ZARINE.

Mais, monsieur, vous avez les mœurs de la Régence !

GALAPIAT.

C'est possible ! j'ai souvent pris ma demi-tasse... dans ce café-là !

ZARINE.

Je finirai par vous arracher les yeux... savez-vous ?

GALAPIAT.

Tu n'étais donc jalouse, ma belle Cézarine ?

ZARINE.

Chut !... petit coquin ! si on t'entendait... nous sommes entourés d'argus ! Dis-moi... l'aventure de cette nuit ?... comment a-t-elle fini ?

GALAPIAT.

Elle a fini par un coup de poing !

ZARINE.

Que vous avez reçu mon bibi ?

GALAPIAT.

Que j'ai donné sur un œil !

ZARINE.

Vous a-t-il reconnu ?

GALAPIAT.

Il a dû voir trente-six chandelles... ça l'a peut-être éclairé... mais j'en ignore !

ZARINE.

Silence ! voici Mincétoffe... un vieux gueux qui fait de la morale, depuis qu'il ne sait plus faire que de la morale...

SCÈNE IV.

LES MÊMES, MINCÉTOFFE.*

MINCÉTOFFE, *entrant par le fond.*

Ah ! bien ! ah ! bon !... toujours ensemble !

ZARINE.

Allez-vous encore bougonner ?

MINCÉTOFFE.

Madame... vous avez un mari... Je ne veux pas vous faire de la peine... mais vous en avez un !...

ZARINE.

Malepeste ! je ne le sais que trop.

MINCÉTOFFE.

Monsieur Granpierre n'est pas bon... il n'est pas joli !... c'est un vilain monsieur... mais c'est un gros fabricant d'allumettes chimiques !... un homme supérieur qui a mis l'allumette à la

---

* Zarine, Mincétoffe, Galapiat.

portée de toutes les intelligences... Aujourd'hui, il n'y a pas
d'enfant de six mois qui ne puisse mettre le feu à une maison...
C'est un progrès ça, madame!

ZARINE.

Eh bien! après?... je n'ôte pas un cheveu à son mérite.

MINCÉTOFFE.

Je conviens qu'il est absent depuis trois semaines!... Il est
allé dans une propriété faire creuser un puits artésien! Je ne
sais pas trop pourquoi, car il n'aime pas l'eau.

ZARINE.

Oh! non, il est hydrophobe!

MINCÉTOFFE.

Mais il reviendra, cet homme!... Un mari absent revient
presque toujours... C'est un des inconvénients de l'absence!

ZARINE.

Pourquoi me dites-vous ça?... vous grognassez continuel-
lement!...

MINCÉTOFFE.

J'en ai le droit! je suis contre-maître; un contre-maître qui
ne grognasserait pas volerait ses appointements... je suis hon-
nête... je grognasse.

ZARINE, s'éloignant de lui.

Mincétoffe, n'oubliez pas qui je suis?

MINCÉTOFFE *

Vous êtes la patronne!... mais vous ne l'avez pas toujours
été!... souvenez-vous-en! souvenez-vous-en!

ZARINE.

J'ai été grisette!... j'ai été canotière... je n'en rougis pas!...
Je descendais gaîment le fleuve de la vie, en me livrant aux
fritures les plus variées!... C'était le bon temps... Enfin, un
our... le ciel était pur!... le soleil brûlant!... je me laissai
aller à la dérive! M. Granpierre me vit dans mon canot... sans
voile!... Il m'offrit... je refusai tout!... excepté sa fortune et sa
main. Depuis lors je suis une grosse industrielle!... j'ai de l'or,
des bijoux, des chinoiseries!...

Air de : *La robe et les bottes.*

Mais tout cela, je vous le jure,
N'est que fumée, et je le sens :
Oui, je regrette la friture....

GALAPIAT, à part.

Quelle noblesse de sentiments !

MINCÉTOFFE.

On peut aimer la friture, madame,
Et son mari !... ça se voit tous les jours.

_____
* Mincétoffe, Zarine, Galapiat.

Je crois que le cœur d'une femme
Peut aisément loger ces deux amours.

ZARINE.

Mon cœur n'en loge plus qu'un ! l'autre a déménagé !

MINCÉTOFFE.

Sapristi ! ne dites pas ça devant moi... Monsieur Granpierre
m'a chargé de braquer mon œil sur vous... et je le braque !...
il m'a dit de vous éplucher ... et je vous épluche !

GALAPIAT, à part.

Oh ! que c'est mesquin !

ZARINE.

Je n'ai pas peur de vous, mon petit Mincétoffe !... vous m'a-
vez conté fleurette autrefois !..

MINCÉTOFFE.

Cette folie est lointaine !.. et puis j'ai un éplucheur adjoint !..
Boissec, le portier, qui m'espionne en second !

ZARINE.

Dieu !... je ne peux donc faire un pas sans marcher sur des
traquenards.

MINCÉTOFFE.

Vous y tomberez !.. vous êtes sur le bord !... A peine votre
mari avait-il tourné les talons, que vous renvoyez monsieur
Bonard, son teneur de livres ! un sexagénaire !... et vous le
remplacez par quoi ?... par ce gamin-là qui ne sait pas même
écrire !

GALAPIAT, montrant ses mains.

On dit pourtant que j'ai une belle main !

MINCÉTOFFE.

Mais tu griffonnes, malheureux !... c'est un moucheron qui a
été ton professeur.

ZARINE.

Vous exagérez !... moi je ne suis pas mécontente de ses
liaisons !

MINCÉTOFFE.

Et votre mari, qu'est-ce qu'il dira ?... vous connaissez son
caractère ! quand il est à jeun, c'est un tigre ! et quand il a
bu, il mangerait son meilleur ami pour en avoir la peau !

GALAPIAT, à part.

Bigre ! je cours des risques !

MINCÉTOFFE.

Et Dieu sait comme il boit !... le schnaps !... le rhum !... le
kirch !... il absorberait du vitriol !

ZARINE.

Absolument comme son frère Boniface.

MINCÉTOFFE.

Oh ! oui, son frère !... encore un joli coco ! qui a perdu la cervelle... à la suite d'un punch !... Celui-ci aura le même sort... il l'aura !... je lui jette ce pronostic.

GALAPIAT, à part.

Oh ! j'en rirais beaucoup !...

ZARINE.

Ah ça ! Mincétoffe, vous ne chérissez donc pas mon époux ?

MINCÉTOFFE

Sapristi ! non ! je me rappelle toujours un coup de pied qu'il m'a flanqué ... Avec moi un coup de pied n'est jamais perdu !... et il y a longtemps que je l'aurais envoyé faire lanlaire, sans ma fille qu'il faut établir ! C'est ma fille qui me retient.

ZARINE.

Je le comprends !... Flora est très-gentille ! c'est la seule femme qui me plaît dans la maison !... Aussi je lui ai donné une chambre à côté de la mienne dans ce pavillon ?... mais je ne l'ai pas vue ce matin !... Elle va bien ?

MINCÉTOFFE.

Comme ça... elle rêvassse... elle tourne au triste !... je ne sais comment l'égayer ! je ne peux pourtant pas lui faire manger des mouches.

ZARINE.

Que peut-elle désirer ?... Elle est libre !

MINCÉTOFFE.

Mais vous, madame, vous ne l'êtes pas ! je tranche dans le vif !... il faut renvoyer Galapiat !

GALAPIAT.

Moi !

ZARINE.

Le renvoyer ?

MINCÉTOFFE.

Il le faut !... il le faut !... il le faut !

ZARINE.

Jamais !

MINCÉTOFFE.

Alors, gare les coups !... Votre mari jouera du bâton ! il vous cassera, il nous cassera tous.

GALAPIAT.

Fichtre !

ZARINE.

Eh bien! s'il nous casse, nous nous ferons raccommoder !

GALAPIAT, à part.

Comme de la faïence ! quel avenir !

SCÈNE V.

LES MÊMES, BOISSEC, qui a l'œil tout noir.

BOISSEC, sortant de sa loge.

Oh ! oh! qu'est-ce qu'ils complottent là-bas ?

MINCÉTOFFE.

Motus ! c'est ce gredin de Boissec !

ZARINE.

Bonjour, Boissec !

GALAPIAT.

Ça va-t-il comme vous voulez, Boissec ?

MINCÉTOFFE.

Où vas-tu donc comme ça, mon cher Boissec ?

BOISSEC.

Je vas où ce qu'il me plaît... et si ça me plaisait pas , j'irais pas !... Monsieur Granpierre m'a donné les pouvoirs pour ça... Il est le maître !... je connais que lui !

ZARINE, à part.

Butor !

MINCÉTOFFE.

Mon Dieu ! mon pauvre ami !... tu as un œil bien changé !... on dirait que tu l'as emprunté à un charbonnier.

GALAPIAT.

Ou à un nègre !

ZARINE.

Quel vilain œil !

BOISSEC.

Ça n'empêche pas d'y voir !... mais, dame ! c'est un effet de boisson !... Hier soir j'étais un peu en ribotte...

ZARINE.

Toujours pochard !

BOISSEC.

Monsieur Granpierre m'a donné les pouvoirs pour ça !... et cette nuit en cherchant ma loge j'ai rencontré un coup de poing !

ZARINE.

Un coup de poing ?

GALAPIAT.

Mais quel est l'auteur de ce forfait ?

BOISSEC.

Ah ! si je le connaissais !

GALAPIAT, à part.

Quelle chance !... il n'a pas vu ma binette.

BOISSEC.

Mais je le connaîtrai !... j'ai recueilli des *vertiges* de sa fuite !

GALAPIAT.

Quoi ?... quels vertiges ?

BOISSEC.

Suffit !... quand monsieur Granpierre reviendra, on verra voir !

---

* Mincétoffe, Zarine, Boissec, Galapiat.

GALAPIAT, à part.

...aquine !

BOISSEC, à Zarine.

Dites-donc, vous ?

ZARINE.

Quel est ce ton ?... manant !

BOISSEC

Manant !... je vas peut-être prendre des mitaines pour vous donner une lettre !

ZARINE.

Une lettre à moi ?... voyons !... (Elle la prend.)

BOISSEC.

J'ai pas reconnu l'écriture !

ZARINE, à part, après avoir lu.

Ciel de Dieu !... un ami me prévient du retour de mon tyran !

BOISSEC, à Zarine.

De qui qu'elle est ?... qu'est-ce qu'il y a dedans ?

ZARINE.

Effrontée valetaille !...

BOISSEC.

J'ai les pouvoirs ! j'use de mes pouvoirs.

ZARINE.

Elle est de mon époux.

MINCÉTOFFE.

Est-ce que le ciel le rendrait à nos vœux ?

ZARINE.

Avant une heure je serai dans ses bras.

BOISSEC.

Not' maître !... ah ! je danse !...

GALAPIAT, à part.

Moi, j'ai la venette !

ZARINE.

Je me rends au-devant lui !... pour le presser plus vite sur mon cœur !... (A part.) Quelle tuile !

ENSEMBLE.

BOISSEC, *à part.*

Air d'*Haidée.*

C'est monsieur Granpierre
Quel bon revenant !
Son retour va faire
Un fier tremblement !

ZARINE ET MINCÉTOFFE, *à part.*

Hélas ! c'est Granpierre !
Affreux revenant !
Son retour va faire
Un fier tremblement !

(*Ils sortent par le fond.*)

1*

SCÈNE VI.

MINCÉTOFFE, FLORA.

MINCÉTOFFE.

L'ogre va revenir !...il y aura du grabuge !...mais je le gorgerai d'alcols !... je le mettrai dans l'eau-de-vie comme une prune !... Voici ma fille !... prenons un air paterne !...

FLORA, *sortant du pavillon en rêvant.*

Air de M. BENOIT.

Ah ! je ne suis plus un enfant ;
Je songe à plus d'une équipée ;
Je me promène en rêvassant (*bis*) ;
Je ne m'amuse plus en jouant
Au cerceau, même à la poupée ;
J'ai de la crinoline à présent.
Ah ! je ne suis plus un enfant !

MINCÉTOFFE.

Sapristi ! Flora... vous m'impatientez... A quoi penses-tu ? voyons, à quoi penses-tu ?

FLORA.

A rien, papa !

MINCÉTOFFE.

A la bonne heure !... tant que tu ne penseras à rien... tes idées seront parfaitement d'accord avec les miennes !

FLORA.

Oui, papa !... mais c'est que je voudrais bien penser à quelque chose !

MINCÉTOFFE.

Tu as tort !... ça te fatiguerait !... tu as tort !

FLORA.

Il me semble pourtant qu'à mon âge... car enfin... j'ai vingt ans...

MINCÉTOFFE.

Un peu de patience !... plus tard tu en auras davantage.

FLORA.

C'est bien assez... c'est même déjà trop pour une demoiselle !...

MINCÉTOFFE.

Pour une demoiselle !... Que prétends-tu insinuer par cette locution ?

FLORA.

J'entends qu'à cet âge-là, il est bien permis de songer au mariage.

MINCÉTOFFE.

Au mariage !... quelle bouffonnerie !... au mariage !

Flora, Mincétoffe.

FLORA.

Mais, dame !

MINCÉTOFFE.

C'est un mari que tu veux, n'as-tu pas ton père ?

FLORA.

Tous les jours, on a un père et un mari !... ce n'est pas trop des deux !...

MINCÉTOFFE.

Voyons... est-ce qu'on ne pourrait pas remplacer ça par autre chose !... Veux-tu... un perroquet? veux-tu... un petit singe ?

FLORA.

Non, papa ; c'est un mari !

MINCÉTOFFE.

Décidément, tu refuses le perroquet? Eh bien, soit !... puisque tu préfères l'homme aux autres animaux... ce qui prouve ton inexpérience... tu auras le bipède demandé !

FLORA.

Ah ! merci, papa !...

MINCÉTOFFE.

Mais il faut du temps !... ça ne se trouve pas sous la main !

FLORA.

Et si.... ça se trouvait ?...

MINCÉTOFFE.

Comment ?

FLORA.

Sous la main !

MINCÉTOFFE.

Quoi ?

FLORA.

Le bipède !

MINCÉTOFFE.

Où ça ?...

FLORA.

Ici !

MINCÉTOFFE.

Ici, on n'en fabrique pas !

FLORA.

On peut toujours fabriquer un mari... avec un garçon !

MINCÉTOFFE.

Un garçon de bureau ?

FLORA.

Non ! le teneur de livres !

MINCÉTOFFE, avec explosion.

Galapiat !

FLORA.

N'est-ce pas qu'il est gentil ?

MINCÉTOFFE.

Il est affreux !... je te somme de le bannir de ta cervelle !

FLORA.

Mais qu'est-ce que vous avez contre lui ?

MINCÉTOFFE.

Prends plutôt un perroquet !

FLORA.

Il a une place et il fera son chemin !... Il est protégé par la patronne.

MINCÉTOFFE.

C'est faux ! tu en as menti ! avise-toi de répéter ça devant monsieur Granpierre.

FLORA.

Oh ! je suis sûre que monsieur Granpierre l'aimera beaucoup !

MINCÉTOFFE.

C'est ce que nous verrons, il revient aujourd'hui !

FLORA.

Aujourd'hui... le patron !

MINCÉTOFFE.

Il arrive tout-à-l'heure !

FLORA.

Et vous ne me le dites pas ! moi qui ne suis pas habillée !
(On entend des cris.)

MINCÉTOFFE.

Tiens ! entends-tu ces cris, ces rugissements... c'est mon noble maître !

FLORA.

Oh ! je me sauve ! (Elle rentre dans le pavillon.)

SCÈNE VII.

MINCÉTOFFE, GALAPIAT, GRANPIERRE, ZARINE.

précédés du chœur.

CHŒUR.

Air de M. OBAY.

Je frémis, je frissonne ;
Il revient, quel malheur !
Ah ! mon cœur s'abandonne
A sa juste terreur !
  Dans ses yeux
  Furieux !
Ah ! voyez quel courroux !
Oui, ç'en est fait de nous,
Il va nous tuer tous !

ZARINE, entrant avec Granpierre.

Arrêtez, monsieur, arrêtez !

GRANPIERRE, armé d'un bâton.

Laissez-moi ! laissez-moi que je les assomme... je voudrais les dévorer tous si je n'avais pas déjeuné !*

ZARINE.

Malepeste ! monsieur, vous êtes ridicule... ces braves gens croyaient vous faire plaisir, en allant au-devant de vous !

GRANPIERRE.

Je ne gobe pas ça ! c'est pour raguenauder... si j'étais le travail, ils ne viendraient pas au-devant de moi... (Aux ouvriers.) Fainéants, lâches, fripons, savoyards, filoux, voleurs, canailles, faussaires, brigands, gibiers de potence !

ZARINE.

En voilà-t-il assez ?

GRANPIERRE.

Attendez... je n'ai pas fini ! Si, j'ai fini, les expressions me manquent... je ne suis pas en verve aujourd'hui !

GALAPIAT, à part.

C'est un crocodille... et pas empaillé, malheureusement !

GRANPIERRE indiquant Galapiat.

Hein ! qu'est-ce que c'est que celui-ci ? quelle est cette boule exotique ?

MINCÉTOFFE.

Patron... cette boule... c'est le teneur de livres !

GRANPIERRE.

Le teneur de livres... Bonard ! Comment, c'est toi, Bonard ! je te félicite... quand je suis parti, tu avais soixante ans !... Tu es bien rajeuni, mon vieux !

GALAPIAT.

Patron ! je pourrais vous laisser croire... mais je ne veux pas vous tromper... je n'ai jamais eu soixante ans !

ZARINE.

Voilà le mot de la chose ! Bonard était rococo... Il battait souvent la breloque, j'ai admis ses droits à la retraite, et comme monsieur s'est présenté...

GRANPIERRE.

Ah ! ah ! c'est un remplaçant... Il est bien frisé pour un teneur de livres... il ressemble à une tête de chicorée !

GALAPIAT, à part.

Comme il me travaille !

GRANPIERRE.

Et comment appelez-vous cette salade ? non, ce jeune homme ?

* Mincétoffe, Galapiat, Granpierre, Zarine.

MINCÉTOFFE.

Galapiat !

GALAPIAT.

Ma famille est ancienne !

GRANPIERRE.

Et surtout nombreuse ! Je connais pas mal de Galapiat !...
N'est-ce pas vous qui étiez chez monsieur Roncin, mon con-
frère ?

GALAPIAT.

Oui, patron ! j'y ai resté trois mois... et si je n'y suis plus,
c'est que j'en suis sorti.

GRANPIERRE.

Je m'en doutais !

GALAPIAT.

C'est que j'en suis sorti pour...

GRANPIERRE.

Pour vos farces... pour vos fredaines... On connaît vos cara-
vanes... vous battifoliez avec les servantes.

GALAPIAT.

Dame ! patron... soyez juste ! quand on est jeune... on ne
peut pas vivre dans une boîte comme un pain à cacheter...
Eh ! eh ! eh !

GRANPIERRE.

Oh ! oh ! il est bête et frisé ! Les femmes doivent le trouver
spirituel... méfions-nous !

ZARINE, à part.

Je suis très-émue... n'ayons pas l'air !

GRANPIERRE.

Allez me chercher vos livres... nous verrons s'ils sont aussi
bien tenus que vos cheveux !

GALAPIAT.

Oui, patron ! je m'empresse... je me fais un devoir... oui,
patron ! (Il sort à gauche.)

MINCÉTOFFE, à part.

Son compte est fait !

GRANPIERRE.

Eh bien ? vous autres ! allez-vous rester là comme des pieux ?
sortez ! Ah ! mes enfants, pour célébrer mon retour, vous tra-
vaillerez trois heures de plus... allez !

CHŒUR D'OUVRIERS, en sortant.

Air de M. ORAY.

Je frémis, je frissonne ;
Il revient, quel malheur !
Ah ! mon cœur s'abandonne
A sa juste terreur !
Dans ses yeux,
Etc., etc.

SCÈNE VIII.

GRANPIERRE, ZARINE, MINCÉTOFFE.

GRANPIERRE.[*]

Sacrebleu ! j'ai le gosier bien sec !

ZARINE.

Voulez-vous de l'eau filtrée ?

GRANPIERRE.

De l'eau ?... du kirch !... des flots de kirch !... si vous n'avez rien de plus fort !

ZARINE.

On va vous servir !... (Elle entre un moment dans le pavillon.)

GRANPIERRE, s'asseyant à la table.

Ici, Mincétoffe ! approche !... Je t'ai chargé d'éplucher en mon absence... étale tes épluchures !

MINCÉTOFFE.

Mon Dieu, patron...

GRANPIERRE.

Surtout, ne mens pas... ou je te tords le cou !

ZARINE, rentrant.

Voici le kirch ! (Elle pose sur la table un plateau, avec un carafon et des petits verres.)

GRANPIERRE, se versant.[*]

Et vous, madame... un petit verre ?

ZARINE, s'asseyant.

Jamais entre mes repas !

GRANPIERRE, après avoir bu.

Bégueule !... Voyons, Mincétoffe... qu'as-tu épluché ?

MINCÉTAFFE.

Rien de mémorable ! nous boulottions... l'allumette a été son petit bonhomme de train !

GRANPIERRE, buvant.

Et ma femme ?

ZARINE, se levant.

Monsieur, en ma présence !

GRANPIERRE.

Laissez-le répondre... Sa conduite ? ses mœurs ?

MINCÉTOFFE.

Conduite bonne... mœurs irréprochables... travail assidu... tenue décente !

GRANPIERRE.

Elle n'a pas fait de bambuches ?

ZARINE, s'asseyant.

Malpeste ! monsieur !...

_____

[*] Granpierre, Zarine, Mincétoffe.

GRANPIERRE.

Vous êtes une luronne !... on ne vous ôtera pas ça !... quels étaient vos amusements ?

ZARINE.

Je m'ennuyais !

MINCÉTOFFE.

J'en suis témoin !... Madame s'ennuyait toute la journée... preuve qu'elle pensait à vous !

GRANPIERRE.

Est-ce vrai, ma Zarine ?... m'avais-tu gardé un petit coin dans ta mémoire ?

ZARINE.

Ah ! mon ami !... quand vous êtes absent, c'est... particulier ce que j'éprouve... j'ai des fourmis dans les jambes !

GRANPIERRE.

Pauvre chatte !... va, je ne t'ai pas oublié non plus !... et je te rapporte un cadeau !

ZARINE.

Quoi donc ?... un cachemire ? un bracelet ?

GRANPIERRE.

Quinze mètres de flanelle pour me faire des gilets !

ZARINE.

Oh ! merci ! oh ! merci Tu es grand, toi ! tu es noble , tu es généreux... Oh ! merci ! (Se levant et à part.) Quel goujat !

GRANPIERRE.

Tu me rends justice !

ZARINE.

Je t'aime, voilà tout !

GRANPIERRE.

Et moi donc !... je crois que je te préfère aux liqueurs fortes... (Il boit.) Je n'en suis pas bien sûr, mais je le crois !.. (Il l'embrasse.) Oh ! ma Zarine !

SCÈNE IX.

Les Mêmes, BOISSEC.

BOISSEC, sortant de sa loge.

Pardon, not' maître !... je vous dérange peut-être !

GRANPIERRE.

Ah ! c'est cette éponge de Boissec !... Avance et viens trinquer avec moi !

BOISSEC, à part, allant à Granpierre.

V'là un bon enfant de maître !

GRANPIERRE. qui lui sert un verre. *

Tiens !

* Boissec, Granpierre, Zarine, Mincétoffe.

BOISSEC.

A vot' santé! not' maître, si j'en étais capable !

GRANPIERRE, buvant.

A la tienne, mon vieux bouledogue !

ZARINE , à part.

Comme il s'encanaille !

GRANPIERRE.

Et maintenant, fais-moi ton rapport !... un bouledogue est fait pour rapporter... rapporte !

BOISSEC.

Ah! patron... j'en ai long à vous dégoiser.

GRANPIERRE.

Ah! ah ! ... tu m'intéresses !... dégoise !

BOISSEC.

Patron !... il y a du louche !... il y a du micmac.

GRANPIERRE.

Du mic mac ?... dégoise.

BOISSEC.

Et pas plus tard que cette nuit... voyez mon œil !

GRANPIERRE.

Tu t'es battu !·.

BOISSEC.

Non !... c'est un autre qui m'a battu.

ZARINE, à part.

Je frémis !

BOISSEC.

Faut vous dire que je m'étais attardé au cabaret !.., il faisait noir !... il fait toujours noir quand on sort du cabaret... et figurez-vous que ma loge avait changé de place... C'est un tour qu'on m'a joué, bien sûr !... quand j'allais à gauche , elle allait à droite, et finalement que j'ai été me cogner contre ce pavillon.

GRANPIERRE.

Dégoise... ne t'arrête pas !

BOISSEC.

C'est que je reprends ma respiration !

GRANPIERRE.

C'est inutile !... dégoise !

BOISSEC.

Pour lors... j'entends ouvrir une fenêtre... et une voix qui me chuchotte... est-ce vous ?

GRANPIERRE.

Est-ce vous !... par une fenêtre ?...

ZARINE, à part.

Je continue à frémir !

MINCÉTOFFE, à part.

Quelle brute !

GRANPIERRE.

Ensuite !... vas donc !

BOISSEC.

Ensuite v'là une clef qui me tombe par la même voix !

GRANPIERRE.

Une clé!... apres !... mais va donc, animal !

BOISSEC.

Je la ramasse !... je tâtonne la serrure !... j'entre... et je grimpe en tenant la rampe!... mais je n'étais pas au milieu qu'un coup de poing me fait rouler en bas de l'escalier.

GRANPIERRE.

Un coup de poing ?

BOISSEC.

Voyez mon œil !... je me relève en beuglant... et je reçois une pile à démolir un hippopotame !

GRANPIERRE, se levant.

Es-tu bien sûr de ce que tu narres ?

BOISSEC.

Voyez mon œil !

MINCÉTOFFE.

C'est un soulard !... En se couchant il se sera colleté avec sa table de nuit.

BOISSEC.

Oh ! je couche dans une soupente !

GRANPIERRE.

Silence, Mincétoffe !

BOISSEC.

Et la clé qu'est restée dans ma poche!... v'là encore la clé !

GRANPIERRE, à Zarine.

La clé du pavillon !... c'est là que vous habitez, Zarine ?

ZARINE.

En effet... je suis dans un étonnement... Qui donc a osé ?... c'est inoui... ça n'a pas de nom !...

GRANPIERRE.

Et l'homme aux coups de poing ?... le gueux qui t'a poché ?

BOISSEC.

C'était-il un gueux ou un bœuf... je ne peux pas vous dire!..

GRANPIERRE.

Mais, vieille panade !... il fallait lui arracher le nez... avant qu'il ne soit repoussé, nous aurions eu le temps de le reconnaître.

MINCÉTOFFE.

Ça ne m'ôtera pas de l'idée que c'est sa table de nuit.

GRANPIERRE.

Encore !... Mincétoffe, vous m'êtes suspect... allez voir là-bas si j'y suis !

MINCÉTOFFE.

Mais, patron !...

GRANPIERRE.

Sortez !... ou je vous flétris avec ma botte.

MINCÉTOFFE.

Jé décampe vivement. (Il sort.)

BOISSEC.

Est-il bête !... si c'était ma table de nuit, je ne lui aurais pas arraché quelque chose.

GRANPIERRE.

L'oreille ? à la bonne heure !

BOISSEC.

Non... ceci !... (Il lui remet une manche.)

GRANPIERRE, à Zarine.

Une manche !

ZARINE, à part.

Je frémis plus que jamais !

GRANPIERRE.

Une fausse manche !... à l'usage des hommes de plumes... Ah! la partie n'est pas perdue... j'ai la première manche !

SCÈNE X.

LES MÊMES , GALAPIAT.

GALAPIAT , chargé de livres.

Patron, j'apporte tout ce que j'ai de livres !... les grands, les petits, les moyens ... Je désire les déposer à à vos pieds !

GRANPIERRE, à part.

Serait-ce ce crétin ?

GALAPIAT.

Quant à mon écriture ! je vous prierai de ne pas la juger sur l'apparence !... elle n'est pas belle, mais elle est bonne !.. voilà ce que j'appelle une bonne écriture.

GRANPIERRE, à part.

La lumière... va jaillir !... (Haut.) Lève les bras en l'air !

GALAPIAT.

Vous dites, patron ?

GRANPIERRE.

Lève les bras en l'air !

* Zarine, Boissec, Granpierre, Mincétoffe.
** Zarine, Boissec, Granpierre.
*** Zarine, Granpierre, Boissec.
**** Zarine, Galapiat, Granpierre, Boissec.

GALAPIAT.

Mais patron !... les livres...

GRANPIERRE.

Veux-tu lever les bras, ou je te disloque !

GALAPIAT.

Voilà, bourgeois !... (Il lève les bras, tous les livres tombent, on voit qu'il n'a qu'une manche, Boissec ramasse les livres.)

GRANPIERRE, à part.

Une seule manche ! c'est mon drole !

ZARINE, à part.

Oh ! j'aurais besoin de prendre un bouillon !

GRANPIERRE. *

Vous blêmissez, madame !

ZARINE.

Oui ... une dent qui m'élance !

GALAPIAT.

Patron !... j'ai toujours le bras en l'air... est-ce assez ?

GRANPIERRE.

Pourquoi n'en as-tu qu'une ?... Réponds !... et au bras gauche ?... (Le secouant.) Répondras-tu ?

GALAPIAT.

Quoi ? patron, quoi ? patron !... vous m'ahurissez !

GRANPIERRE.

Tiens ! voilà l'autre !... (Il lui rend sa manche.)

GALAPIAT.

Ma manche !

GRANPIERRE.

Qu'allais-tu faire cette nuit dans ce pavillon ?

GALAPIAT, à part.

Oh ! cristi !

BOISSEC, à part.

C'était lui !

GRANPIERRE.

Sur l'escalier, comme un chat vicieux.

GALAPIAT.

Patron ! je vas vous dire !... j'ai une infirmité... j'aime à voir lever la lune.

GRANPIERRE.

La lune !... c'est un autre astre que tu allais voir !... Ton in-firmité, c'est une femme !

GALAPIAT, à part.

Cristi ! cristi !

GRANPIERRE.

Nomme la-moi !... je le veux !

* Zarine, Granpierre, Galapiat, Boissec.

GALAPIAT.

Patron !... en supposant que ça soye... Ça n'est pas ; mais en supposant... vous comprenez !... je suis français... et... le secret de la beauté...

GRANPIERRE, le pressant à la gorge.

Son nom !... ou je te le fais sortir du gosier avec le pouce !

GALAPIAT.

Ne serrez pas !... ne serrez pas !... il va sortir tout seul.

GRANPIERRE.

Articule !

GALAPIAT.

Patron !... cette femme...

ZARINE, à part.

Je donnerais dix sous d'un bouillon !

GRANPIERRE.

Cette femme ?

GALAPIAT.

C'est !... c'est mademoiselle Flora !

GRANPIERRE.

Flora !... (A zarine.) Madame, vous devenez coquelicot !

ZARINE.

C'est !... c'est la fluxion qui se déclare !

GRANPIERRE.

Ah ! c'est Flora !... Boissec ?

BOISSEC. *

Not' maître !

GRANPIERRE, lui parle à l'oreille.

Et après ça toute la fabrique !

BOISSEC.

Oui, not' maître !... (A part.) Ah ! toi tu me paieras ça !... (Il sort par le pavillon.)

GRANPIERRE.

Elle va venir !... et tu lui rendras ce que tu n'as pas... l'honneur !

GALAPIAT.

Comment ça, patron ? comment ça ?

GRANPIERRE.

En l'épousant !

ZARINE, à part.

Seigneur Dieu !

GALAPIAT.

Mais, patron, cette jeunesse ne sait rien de rien !... Je lui ai caché ma flamme

GRANPIERRE.

Tu la feras luire !

GALAPIAT.

Elle doit m'haïr !... je gagerais qu'elle m'haïe !

* Zarine, Granpierre, Boissec, Galapiat.

GRANPIERRE.

Son cœur va parler... la voici !

SCÈNE XI.

LES MÊMES, FLORA.

FLORA, sortant du pavillon. *

Pardon, monsieur Granpierre ! je serais venue plus tôt...
mais votre arrivée !... j'ai été surprise... et alors...

GRANPIERRE.

Flora, veux-tu te marier ?

FLORA.

Moi, monsieur Granpierre ?

GRANPIERRE.

Si tu le veux, je te marie ! si tu ne veux pas, je te marie
également... choisis !

FLORA. **

Dame ! c'est papa qu'il faut consulter... je ne peux pas me
marier contre son gré !

GRANPIERRE.

Ton père est une vieille cruche ! et le gré d'une vieille
cruche m'est indifferent ! il te faut un mari, je te le donne...
voilà l'objet ! (Il fait passer Galapiat près de Flora.)

FLORA.

Monsieur Galapiat !

GRANPIERRE.

Il est laid ! il est sot !... il ne changera jamais, c'est une
garantie ! D'ailleurs, il t'aime à en devenir imbécille, si faire se
pouvait !

FLORA.

Est-ce la vérité, monsieur Galapiat ?

GALAPIAT.

Mademoiselle Flora ! certainement... mais il ne faut pas que
ça vous gêne ! refusez-moi, ne vous gênez pas... je m'en con-
solerai !

FLORA.

Vous refuser ! mais non... j'accepte !

ZARINE, à part.

Petite bécasse !

GALAPIAT.

C'est pour rire, mademoiselle Flora ! n'est-ce pas que c'est
pour rire... d'ailleurs votre père a du fiel contre moi...

ZARINE.

Si j'osais risquer une phrase , je dirais que le consentement
d'un père... car enfin, s'il allait mettre des bâtons...

GRANPIERRE.

Qu'il y vienne avec ses bâtons... je les lui casserai sur la
caboche !

* Zarine, Flora, Granpierre, Galapiat.
** Zarine, Flora, Galapiat, Granpierre.

SCÈNE XII.

LES MÊMES, BOISSEC, puis MINCÉTOFFE, OUVRIERS ET OUVRIERES.

BOISSEC, accourant. *

Not' maître, j'ai averti toute la bande... les voici.

CHŒUR.

Air de M. ORAY.

A quitter l'ouvrage on s'empresse,
De vous complaire on est jaloux,
Le bourgeois connaît la tendresse
Qu'il sait nous inspirer à tous.

GRANPIERRE.

Goipeurs et goipeuses! un beau jour se prépare... je vous annonce le mariage de mademoiselle Flora...

MINCÉTOFFE.

Bah! ma fille se marie?

GRANPIERRE, à Mincétoffe.

Ça ne te regarde pas! (Aux ouvriers.) Avec le sieur Galapiat, mon teneur de livres!

MINCÉTOFFE.

Galapiat!... je n'en veux pas!... je le repousse avec force

GRANPIERRE.

Mincétoffe, ta fille a dit oui.

MINCÉTOFFE.

Elle n'a pas le droit de me donner un gendre... moi, je dis non!

GRANPIERRE.

Tu as donc des motifs?

MINCÉTOFFE.

De gros! de solides!

GRANPIERRE.

Lesquels?

MINCÉTOFFE.

Il écrit trop mal!

GRANPIERRE.

Est-ce tout?

MINCÉTOFFE.

Il ne me va pas, quoi! il ne me va pas!

GRANPIERRE.

Il faut qu'il t'aille!... ou je te chasse, je te supprime, je te jette au coin de la borne comme une écaille d'huître!

MINCÉTOFGE.

Me chasser!... un serviteur qui a blanchi dans les allumettes!

FLORA.

Papa, dites oui... c'est sitôt fait!

* Zarine, Galapiat, Granpierre, Mincétoffe, Flora, Boissec

GRANPIERRE.

Oui !... ou ton paquet... prononce !...

MINCÉTOFFE.

Oui !... là !... êtes-vous content ?

GRANPIERRE.

Vivat !

ZARINE, à part.

Hélas !

GRANPIERRE, aux ouvriers.

Criez tous !... Vivent Mincétoffe et son absurde famille.

LE CHŒUR.

Vivent Mincétoffe et son absurde famille.

GRANPIERRE.

Air de M. ORAY.

Qu'à la joie on s'abandonne !
Pour ne pas nuire aux travaux,
C'est dimanche que j'ordonne
Qu'on serre des nœuds si beaux !

(Reprise par le chœur.)

ZARINE, *bas à Galapiat.*

Ah ! je meurs si tu me quittes.

GALAPIAT, *de même.*

Te quitter !... non, mon poulet !
J'ai mon plan !

GRANPIERRE.

Hein ! quoi ? vous dites ?

GALAPIAT.

Je dis que je suis tout prêt.

LE CHŒUR.

Qu'à la joie on s'abandonne !
Pour ne pas nuire aux travaux,
C'est dimanche qu'il ordonne
Qu'on serre des nœuds si beaux !

(Pendant le dernier ensemble, Granpierre a fait passer Flora près de Galapiat, qui lui prend la main, tandis que de l'autre il serre celle de Zarine ; mais Mincétoffe, qui s'est aperçu de ce mouvement, les sépare et force la Zarine de s'éloigner de Galapiat, qui remonte en tenant Flora par la main.)

* Zarine, Granpierre, Galapiat, Flora, Mincétoffe.

Le rideau tombe.

ACTE II.

Un salon bourgeois. — Au premier plan à droite, une croisée. — Une table et tout ce qu'il faut pour écrire. — Au deuxième plan, une porte; au fond une porte d'entrée extérieure. — Au premier plan, à gauche, une table, deux chaises. — Au second plan, la porte de la chambre de Flora.

SCÈNE I.

Au lever du rideau ZARINE et GRANPIERRE sont à déjeuner sur le guéridon, à gauche.

GRANPIERRE.

Air : *Sous ces beaux ombrages.*

Ce qui charme sans cesse
Le cœur et l'estomac
C'est la piquante ivresse,
Des belles et du rack ;
(*A part.*) Je tâche de sourire
Mais je suis comme un crin.

ZARINE, à part.

Je cache mon martyre,
Et je feins d'avoir faim !

ENSEMBLE.

ZARINE.	GRANPIERRE.
Ce qui charme sans cesse	Ce qui charme sans cesse
Son brutal estomac,	Le cœur et l'estomac,
C'est bien plutôt l'ivresse	C'est la piquante ivresse
Et du rhum et du rack !	Des belles et du rack.

GRANPIERRE, après le chant.

Vous ne mangez pas, ma chère moitié ?

ZARINE.

Non ! je ne suis pas folle des pieds à la Sainte-Ménehould !

GRANPIERRE.

Vous en jouez cependant assez volontiers.

ZARINE.

Oh ! oh ! vous êtes folichon ce matin, vous avez le mot pour rire !

GRANPIERRE.

C'est naturel ! un lendemain de noces ! car le voilà marié, ce vertueux, Galapiat que je porte dans mon cœur... il est marié, madame !

2

ZARINE.

Oui ! une jolie noce ! et bien gaie ! il faut le dire vite !

GRANPIERRE.

Vous n'en avez pas moins pincé quelques polkas !

ZARINE.

Et vous, vous avez bu comme une citerne !

GRANPIERRE.

Chacun s'étourdit à sa manière... Nous recommencerons ce soir... je donne un thé, un grand thé ! il y aura un violon, et vous danserez encore avec Galapiat !

ZARINE.

Dame ! il n'y a que lui dans la maison qui mazurke un peu !

GRANPIERRE.

Il est marié, madame !

ZARINE.

Je le sais !... n-i, ni ! tout est fini !... n'en parlons plus !

GRANPIERRE.

Non madame ! n-i, ni, tout n'est pas fini !

ZARINE.

Comment ?

GRANPIERRE, se levant.

Il vous le dira lui-même ! car il va venir ce gentil homme ! j'ai pensé que vous seriez curieuse de voir sa frimousse.

Air : *Je sais attacher des rubans.*

Nous verrons l'effet de l'hymen
Sur cette face de carême ;
S'il n'a pas perdu son entrain,
Enfin, s'il est toujours le même.

ZARINE.

Le mariage est accompli ;
Et le lend'main, vous savez, je l' suppose,
Que ce n'est jamais le mari
Qui subit la métamorphose !
Non, ce n'est jamais le mari, etc.

GRANPIERRE.

Voici le jeune héros !

SCÈNE II.

Les Mêmes, GALAPIAT.

GALAPIAT. *

Patron ! on m'a dit que vous me désiriez... et j'accours, je m'empresse... me voilà, patron !

GRANPIERRE.

Oh ! oh ! comme tu as les yeux langoureux, mon pauvre garçon ! Voyez donc, Zarine ?

* Zarine, Galapiat, Granpierre.

GALAPIAT.

Dame ! patron !... quand on n'a pas dormi de la nuit !

ZARINE.

Ah ! vous n'avez pas dormi, Galapiat ?

GALAPIAT.

Non, patronne ! j'avais des occupations...

GRANPIERRE, lui tapant sur le ventre.

Farceur !

GALAPIAT.

Moi !

GRANPIERRE.

Voyons, raconte-nous un peu les détails ?

ZARINE.

Malepeste ! monsieur !

GRANPIERRE.

Oh ! on peut tout dire devant vous... vous êtes une luronne !
va... raconte !

GALAPIAT.

Quoi, patron ?

GRANPIERRE.

Hier, à minuit, tu as quitté le bal avec ta femme... ensuite ?

GALAPIAT.

Ensuite ? c'est que... patron, il n'y a pas d' ensuite !

GRANPIERRE.

C'est donc vrai... monsieur ? le rapport de Boissec est donc
véridique ?... tu as reconduit Flora jusqu'à la porte de la
chambre nuptiale... et tu l'as plantée là pour reverdir ?

GALAPIAT.

Dame ! patron.

ZARINE, à part.

Oh ! que c'est bien ! oh ! que c'est bien !

GRANPIERRE.

Vous êtes fort heureux que je ne sois pas votre femme, je
vous casserais les reins !

GALAPIAT.

Patron ! j'avais fait des pâtés sur mon grand livre... et j'ai
passé la nuit à les gratter !

ZARINE.

Quel zèle ! quel dévouement !... * Ah ! monsieur, dans ce
siècle d'égoïsme il est bien consolant d'avoir un commis qui
gratte autant que ça !

GRANPIERRE.

Trop gratter cuit quelquefois !

GALAPIAT.

Patron, je n'ai vu que les pâtés, je n'ai pas regardé à la
cuisson !

* Galapiat, Zarine, Granpierre.

GRANPIERRE.

Je t'en témoignerai ma reconnaissance... tu en auras des marques !

GALAPIAT, à part.

Cristi ! il me fait des yeux verts !

SCÈNE III.

LES MÊMES, FLORA.

FLORA, entrant du fond.

Pardon, monsieur Granpierre ! c'est papa qui m'envoie !... (Voyant Galapiat.) Tiens, mon mari ! *

ZARINE, à part.

Son mari !

FLORA.

Bonjour, monsieur !

GALAPIAT.

Mademoiselle ! non, je veux dire mad... non je disais bien... votre santé est bonne ?

FLORA.

Et la vôtre ? vous avez bien passé la nuit ?

GALAPIAT.

Je l'ai passée sur mon grand livre !

FLORA.

Ah ! vous avez dû être bien mal couché...** Dites-lui donc qu'il travaille trop, monsieur Granpierre... voilà comme on attrape du mal !

GRANPIERRE.

Oui, il pourrait bien attraper quelque chose !... Mais, que me veut ton goujat de père ?

FLORA.

C'est qu'il vient d'arriver un baril de rhum... et il m'a dit de vous prévenir... c'est de la Jamaïque !

GRANPIERRE.

Du rhum ! c'est bien doux, c'est bon à boire en mangeant ! n'importe !... allons le déguster ! Venez, Zarine ! ***

ZARINE.

Comment ! les laisser en tête-à-tête ?

GRANPIERRE.

Ils sont mariés, madame !

ZARINE, à part.

Ah ! je ne fais qu'un saut et je reviens.

---

* Galapiat, Flora, Zarine, Granpierre.
** Galapiat, Zarine, Flora, Granpierre.
*** Galapiat, Zarine, Granpierre, Flora.

ENSEMBLE.

Air de *l'Étoile*.

GRANPIERRE.

Venez à l'instant même !
Si c'est elle qu'il aime,
Et cela paraît clair,
Il me le paiera cher !

ZARINE.

Il est content quand même !
C'est moi seul qu'il aime !
Il me devient bien cher,
Et mon cœur en est fier.

GALAPIAT.

Ma venette est extrême !
C'est sa femme que j'aime !
S'il allait y voir clair !
Surtout n'ayons pas l'air.

FLORA.

Je suis, bonheur suprême !
Près de celui que j'aime.
Mon Dieu ! quel bon air !;
Oui, mon cœur en est fier.

(*Ils sortent par le fond.*)

SCÈNE IV.

GALAPIAT, FLORA.

GALAPIAT, allant s'asseoir à droite.

Ils s'en vont !... il faut rester avec celle-là !... quelle scie !...

FLORA, à part.

Tiens ! il ne me regarde pas !

GALAPIAT.

J'ai jamais pu la sentir, cette petite !... Elle est bête comme un chou !... d'ailleurs j'ai juré à Zarine... oh ! Zarine ! quelle différence !... v'là une femme chiquée !

FLORA.

Dites donc, Galapiat ? nous sommes seuls...

GALAPIAT, regardant en l'air.

C'est pas ma faute !

FLORA, s'approchant de lui.

Qu'est-ce que vous avez donc à regarder au plafond ?

GALAPIAT.

Je regarde les mouches qui se livrent a leurs exercices?

FLORA.

Monsieur... vous ne devez pas vous occuper des mouches quand je suis là !

2·

GALAPIAT, se levant.

Excusez !... j'ai pas fini mon grand livre. (Il va pour sortir)·
FLORA, le retenant.

Vous mentez ?

GALAPIAT.

Parole !... j'ai oublié de poser un zéro et de retenir .quatre.

FLORA.

Je n'entends pas ça, monsieur !... ce n'est pas là une conduite quand on a une petite femme gentille !

GALAPIA, à part.

Elle se croit gentille !

FLORA.

Est-ce que ma figure vous déplaît ?

GALAPIA.

Heu ! heu !

FLORA.

Est-ce les yeux ?

GALAPIAT.

Non !... les yeux iraient encore !

FLORA.

Est-ce le nez ?

GALAPIAT.

Non !... le nez n'est pas affligeant.

FLORA.

Quoi donc alors ?

GALAPIAT, à part.

Le fait est qu'en la détaillant... je ne l'avais pas détaillée !

FLORA.

En tous cas, je suis toujours plus jolie que vous !

GALAPIAT, à part.

Oh ! c' t'amour propre !

FLORA.

Et je ne sais comment j'ai pu me laisser prendre !... Enfin, je
vous aime comme ça !

GALAPIAT.

Bah ! vous m'aimez, vous ?

FLORA.

C'est un malheur !

GALAPIAT, à part.

Elle est drolette !

FLORA.

Et vous m'aimerez aussi !... il le faudra bien !... ou vous di-
rez pourquoi ?... (Elle le pince.)

GALAPIAT, à part.

Oh ! elle m'a pincé !... elle a du chic !

FLORA.

Allez, vous verrez comme je tiendrai bien notre ménage !...

Je soignerai toutes vos affaires... je vous ferai de la bonne petite cuisine !

GALAPIAT, à part.

Elle m'amorce !... (haut.) Je vais poser mon zéro !... (Il veut s'en aller.)

FLORA, le retenant.

Restez là !... je le veux !...

GALAPIAT.

Elle a du chic !

FLORA.

Un mari et une femme doivent rester ensemble... car enfin pourquoi se marie-t-on ?

GALAPIAT.

Dame ! Flora, on se marie pour manger de la soupe ensemble et du veau à la bourgeoise !... Voilà le mariage, voilà le but de cette institution !

FLORA.

Ah çà ! vous me croyez donc une petite sotte... une petite oie !

GALAPIAT.

Flora ! une oie de votre taille ne peut pas être une petite oie.

FLORA.

Vous dites ?...

GALAPIAT.

Je dis qu'une oie de votre taille...

FLORA.

Insolent ! (Elle lui donne un soufflet.)

GALAPIAT.

Un soufflet !... Elle a beaucoup de chic !

FLORA.

Air

Vous le voyez, je ne suis pas bonne ;
On n' m'offense pas impunément !

GALAPIAT.

Ton procédé m' révolutionne,
J'éprouve un nouveau sentiment !
Oui, pour toi, je sais m'y connaître,
J' sens un feu qui n'est pas follet !
C'est un très-grand feu !... mais, peut-être,
Qu'il n'aurait pas pris sans le soufflet !

FLORA.

Ah ! vous m'aimez !... j'en suis fâchée ! il est trop tard.

GALAPIAT.

Flora !... j'étais bête !... tu n'es pas ce que je croyais !... tu

* Galapiat, Flora.

es très-aimable!... tu es remplie de moyens!... laisse-moi
cueillir un baiser.

FLORA, s'échappant.

Je ne laisse rien cueillir!

GALAPIAT.

Flora!... j'ai le droit!... pourquoi se marie-t-on?

FLORA.

Pour manger la soupe ensemble!

GALAPIAT.

Elle est remplie de moyens!... Flora, je suis tendre... un
baiser!

FLORA.

Ne m'approchez pas!

GALAPIAT.

Oh! il me le faut!... il me le faut!...

FLORA.

C'est comme si vous chantiez!... (Il la poursuit autour de la
table.)

SCÈNE V.

LES MÊMES, ZARINE.

ZARINE, entrant vivement.

Hein! quoi? qu'est-ce? **

GALAPIAT, à part.

La bourgeoise!

ZARINE.

Que faisiez-vous donc?... à quel jeu jouiez-vous?

FLORA.

C'est Galapiat qui courait après moi!

GALAPIAT.

Oui! pour lui reprendre deux sous qu'elle **m'avait chippés!**

FLORA.

Ah! menteur!

GALAPIAT, bas à Flora.

Motus!

ZARINE, à part.

Hum! hum!... voudrait-on me blouser?

GALAPIAT, à part.

Oh! la jalouse! la jalouse!

ZARINE, allant à Flore.! ***

Il ne faut pas que je vous effarouche!... je sais ce que c'est

* Flora, Galapiat.
** Flora, Galapiat, Zarine.
*** Flora, Zarine, Galapiat

que des époux d'un jour !... des colombes qui battent de l'aile...
j'aime ce tableau pastoral.

FLORA.

C'est si naturel, n'est-ce pas, madame.?

GALAPIAT.

Où allez-vous chercher les colombes ? je n'ai rien de cet oi-
seau ! et je ne partage pas ses idées sur bien des choses.

FLORA, à part.

C'est drôle !... depuis qu'elle est là, il est tout je ne sais
quoi !

SCÈNE VI.

LES MÊMES, MINCÉTOFFE.

MINCÉTOFFE, entrant par le fond.

Ma fille ! qu'est-ce que tu fais ici ?... ce n'est pas ta place ! ·

FLORA.

Mais, papa...

MINCÉTOFFE.

Va dans ta chambre ; tu as une robe à essayer. On dansera
encore ce soir !... car c'est étonnant comme on s'amuse ici...
va essayer ta robe !

FLORA.

Volontiers, papa... ·· Au revoir Galapiat !

GALAPIAT.

Madame, j'ai bien l'honneur de vous saluer !

FLORA, à part.

Oh ! ce ton !... c'est bien drôle tout de même. (Elle sort par
la gauche en regardant Galapiat.)

SCÈNE VII.

MINCÉTOFFE, ZARINE, GALAPIAT.

GALAPIAT, à part.

Elle va essayer une robe !... si je me faufilais !... (Il va pour
sortir tout doucement.)

ZARINE, l'apercevant.

Où allez-vous donc, Galapiat ?

GALAPIAT.

Moi ?... c'est que je n'ai pas fini mon grand livre.

ZARINE.

Gardez votre grand livre pour une autre occasion.

GALAPIAT, à part.

Oh ! la jalouse !... la jalouse !

---

* Flora, Mincétoffe, Zarine, Galapiat.
** Mincétoffe, Zarine, Flora, Galapiat.

ZARINE.

Mincétoffe, où est mon époux ?

MINCÉTOFFE.

Toujours face à face avec le baril d'alcool.

ZARINE.

Il boit du rhum !... je suis tranquille.

MINCÉTOFFE, la prenant à l'écart.

Et si je vous disais que ce n'est pas du rhum qu'il avale.

ZARINE.

Quoi donc ?... de l'eau de mélisse ?

MINCÉTOFFE.

C'est du trois-six pur que j'ai fait venir !... j'y ai fourré du caramel pour lui donner la couleur... et le patron, alléché par la nuance, ingurgite cette limonade.

ZARINE.

Malepeste ! c'est bien fort !

MINCÉTOFFE.

C'est extrèmement fort.

GALAPIAT, à part.

Ils jacassent !.. je me fauffle !... (Il entre dans la chambre de Flora.)

ZARINE.

Ce breuvage peut lui causer des accidents.

MINCÉTOFFE.

Je l'espère !

ZARINE.

Et moi, je le crains !

MINCÉTOFFE.

Ne faisons pas de manières avec papa !... vous l'espérez aussi !

ZARINE.

Vieux coquin ! tu es un scélérat fini, sais-tu ?

MINCÉTOFFE.

Mais oui, je suis une canaille assez remarquable !

ZARINE.

Silence, devant Galapiat. (Ne le voyant plus.) Eh bien ! où est-il ?... où a-t-il passé ?

MINCÉTOFFE.

Il aura rejoint son grand livre !

ZARINE.

Non !... le libertin !... je gagerais qu'il est allé...

MINCÉTOFFE.

Où donc ?

ZARINE.

Chez sa femme !

MINCÉTOFFE.

Ça lui est permis.

ZARINE.

Je ne le voux pas!... et il m'a juré ses grands Dieux...

MINCÉTOFFE.

Mais, c'est une horreur!... je vais jeter feu et flamme à la fin.

ZARINE.

Mêlez-vous de vos affaires.

MINCÉTOFFE.

Oh! elle est bonne! il me semble que mon gendre est mon gendre, et que ma fille est ma fille.

ZARINE.

Votre fille est une drôlesse! et si je les trouve ensemble...
(Elle va pour sortir.)

MINCÉTOFFE, lui barrant le passage.

Vous n'irez pas! je barre les issues.

ZARINE.

Otez-vous de là, sacrebleu! ou je vous arrache plus de cheveux que vous n'en avez sur la tête...

SCÈNE VIII.

LES MÊMES, FLORA.

FLORA, sortant de la chambre et parlant à la cantonade.

Restez-là, monsieur! je vous défends de me suivre.

MINCÉTOFFE.

Ma fille! *

ZARINE.

A qui parlais-tu donc, Flora?

FLORA.

A mon mari.

ZARINE, à part.

J'en étais sûre!

MINCÉTOFFE.

Il devrait être à son bureau!

FLORA, à son père. *

Oh! ne le grondez pas; je commence à être contente de lui! et tout-à-l'heure si je l'avais laissé faire...

ZARINE.

Eh bien?

FLORA.

Il faut vous dire que j'essayais ma robe... je ne pouvais pas me défendre et il en a profité pour m'embrasser.

ZARINE, à part.

Le paltoquet!

* Flora, Mincétoffe, Zarine.
** Mincétoffe, Flora, Zarine.

FLORA.

Et il voulait recommencer...

MINCÉTOFFE, bas à sa fille.

Mais tais-toi donc !

FLORA.

Me taire ? et pourquoi donc, papa ?

MINCÉTOFFE.

Pourquoi ? pourquoi ? parce que... certainement... **entre mari
et femme**... mais la bienséance... du reste, ton récit m'a fait
grand plaisir !

ZARINE, à part.

Sapristi ! que je suis torturée !

FLORA, l'examinant.

On dirait qu'elle est vexée !

ZARINE. *

Mes amis, votre société m'est extrêmement agréable... mais
si vous décampiez je ne m'en plaindrais nullement.

MINCÉTOFFE.

Merci de la politesse ! Viens, ma fille. **

FLORA, à part.

Oh ! il y a quelque chose là-dessous !

ENSEMBLE.

Air de M. OKAY.

ZARINE.

Au serment sorti de sa bouche
Manquerait-il, le paltoquet ?
Sa conduite me paraît louche ;
Ayons l'oreille au guet !

FLORA.

Au serment sorti de sa bouche,
Eh quoi ! mon mari manquerait ?
Zarine, ta conduite est louche ;
Ayons l'oreille au guet !

MINCÉTOFFE.

Au serment sorti de sa bouche
Il va manquer, le paltoquet !
Flora, qui voit déjà du louche,
Saura bientôt tout le secret !

(*Après l'ensemble, Mincétoffe sort par le fond, et Flora au lieu
de sortir se glisse dans la chambre à droite.*

* Mincétoffe, Zarine, Flora
** Zarine, Mincétoffe, Flora.

SCÈNE IX.

ZARINE, puis GALAPIAT. *

ZARINE.

Trahie ! je suis trahie ! je suis faite au même... Ah ! je
bisque !... Il est impossible de bisquer comme je bisque !

GALAPIAT, sortant avec précaution de la chambre de Flora.

Elle m'a défendu de la suivre ! c'est une frime !... Je connais
les femmes... elle doit-être par ici !

ZARINE.

Non, monsieur... elle est partie

GALAPIAT, surpris.

La Zarine !

ZARINE.

Ah ! c'est après elle que vous courez maintenant ?

GALARIAT.

Moi, je cours... qu'est-ce qui m'a vu courir... je vas piano !
je vas sano !

ZARINE.

Vil hypocrite ! là , tout-à-l'heure, tu l'as embrassée ?

GALAPIAT.

Qui ça ? où ça ? qu'est-ce qui a dit ça ?

ZARINE.

C'est elle qui vient de me l'avouer ! elle triomphait ! elle
jubilait !

GALAPIAT, à part.

Petite serine !

ZARINE.

Après tes promesses ! après tes serments ! tu n'as donc ni
foi ni loi ?

GALAPIAT.

Patronne ! ne vous montez pas ! moi, je croyais... mais si c'est
Flora ! oh ! oui ! pour Flora , c'est vrai ! je l'ai embrassée... a
mon insu.

ZARINE.

Quelle histoire ! Tu ne m'aimes donc plus que tu me forges
des histoires ?

GALAPIAT.

Zarine, c'est la pure vérité ! une vérité comme on n'en
trouve pas dans les puits... les plus profonds ! Vois-tu, nous
n'étions pas seuls... la femme Boissec était la... une vieille rap-
porteuse ! et la v'là qui me dit : — Ah ça, vous n'embrassez
donc pas votre femme ?... Moi, je ne prends pas ça pour moi,
et je me mouche comme un homme qui n'a pas l'air... Pour
lors elle me pousse sur Flora... et je suis tombé la bouche sur
son épaule !

ZARINE.

Hum ! hum ! c'est un hasard bien étrange !

3

GALAPIAT.

Que même j'ai manqué de me casser une dent ! voilà une chose déplorable !

ZARINE.

Galapiat ! je suis une petite femme bien à plaindre! je n'ai que toi sous la calotte des cieux... et si tu me faisais des traits...

GALAPIAT.

Moi, Zarine ! oh ! jamais ! oh ! jamais ! (A part.) Faut l'amadouer. (Haut.) Vois-tu, il n'y a qu'une femme sur la terre!... il n'y en a qu'une !... les autres c'est rien pour moi !

ZARINE.

Sans menterie ?

GALAPIAT.

Les autres, c'est des chats ! c'est des perruches ! je peux bien les caliner comme ça en passant ; mais c'est machinal !

ZARINE.

Tu m'enjôles ! je suis bête de te croire ! Mais, bah ! ça m'arrange !

DUO.

Air de la *Favorite*.

Oui, mon chat, mon petit écureuil,
Je cède à ma tocad', je sens qu'elle m'enivre!
Ta frisure m'a donné dans l'œil !
Pour t'aimer, je veux vivre !
Pour t'aimer, pour t'aimer !

GALAPIAT.

Je vis pour tes appas !
C'est pour toi que je mange.

ENSEMBLE.

Tu / Je } vois que ça { t'arrange, / m'arrange,

Car je / tu } ne maigris pas ! (*bis.*)

SCÈNE X.

LES MÊMES, FLORA.

FLORA, sortant de la droite.*

Madame ! monsieur Granpierre vous demande à l'instant.

ZARINE.

Mon mari?

FLORA.

Je lui ai dit que j'allais vous prévenir.

* Zarine, Flora, Galapiat.

ZARINE.

J'y cours ! (A part.) Je peux les laisser ensemble ! à présent
j'ai confiance !

GALAPIAT, à part.

Elle s'en va, quel bonheur !

ZARINE.

Je suis bête ! mais, bah ! ça m'arrange ! (Elle sort par le fond.)

SCÈNE XI.

GALAPIAT, FLORA.

GALAPIAT.

Flora ! nous v'là seuls ! encore un... (Il veut l'embrasser.)

FLORA, s'éloignant de lui.

Ni un, ni deux, ni jamais !

GALAPIAT.

Tiens ! tu étais plus drôle dans ta chambre.

FLORA.

De quoi causiez-vous avec la patronne ?

GALAPIAT.

Avec la patronne ! je lui expliquais de quel bois on fait les
allumettes.

FLORA.

Vous êtes un faux ! j'étais là... J'ai entendu toutes vos mani-
gances !

GALAPIAT, à part.

Cristi ! cristi !

FLORA.

C'est honteux ! c'est dégoûtant ! vous n'êtes qu'un bigame.

GALAPIAT.

Flora, ne sois pas jalouse ! c'est une ancienne... elle m'en-
nuie ! toi, tu es ma nouvelle ! Vois-tu, il n'y a qu'une femme
sur la terre ! il n'y en a qu'une ! les autres, c'est rien pour
moi !

FLORA.

Tout-à-l'heure vous lui disiez la même chose.

GALAPIAT.

C'est vrai ! je me répète !... Oh ! que je suis malheureux !
que je le suis !

FLORA.

Tant mieux ! c'est bien fait ! et moi qui croyais avoir un
mari !... me voilà veuve. (Elle remonte.) Adieu, monsieur, je ne
sais pas faire ma partie dans les trio...

GALAPIAT, suppliant.

Flora...

(Flora sort en lui faisant un pied de nez.)

SCÈNE XII.

GALAPIAT, seul.

GALAPIAT.

Dans les trio! elle m'accable! elle me jette de la boue! une femme que j'idole! car je l'idole! il n'y a pas à dire! et puis, c'est ma femme!... c'est pas celle d'un autre! avec elle, j'aurais eu le pot-au-feu tous les jours; elle m'aurait remis des boutons partout!... C'est pas la Zarine qui me remettrait des boutons! Oh! la Zarine! Ah! comme les locataires font bien de ne pas passer de bail... ça fait qu'ils peuvent donner congé tout de suite!... C'est ça tout suite pendant que j'y suis! v'là un canif, des plumes, du papier, je vas soigner mon écriture! (Il se met à la table à droite et écrit.)

SCÈNE XIII.

GALAPIAT, GRANPIERRE, puis ZARINE.

GRANPIERRE, ivre.[*]

Air de *Robin des Bois.*

Il m' semble que mon cerveau
Ne tient plus dans mon chapeau,
Et ma langue se bredouille,

(Galapiat apercevant Granpierre, se lève et se cache derrière son fauteuil.)

Pour un peu d' rhum et d' cognac,
Mes jambes vont en zigzag!
C'est fini, je me rouille,
Je tourne à la grenouille!

GALAPIAT, à part.

Cristi! il ne m'a pas vu!

GRANPIERRE.

Cherchons un banc de gazon pour reposer ma tête! (Il trouve un fauteuil et se jette dedans.)

GALAPIAT, à part, et reprenant sa place.

Il est dans l'état d'une grive qui a dîné en ville!

GRANPIERRE.

C'est drôle! je n'ai pourtant bu que trois litres! (Il s'endort.)

GALAPIAT, à part.

Il tape de l'œil! plions vite ma lettre!

ZARINE, entrant au fond.[**]

Tiens! tiens! mon époux d'un côté et Galapiat de l'autre!

GALAPIAT.

Mettons l'adresse!

ZARINE, s'avançant.

L'un sommeille et l'autre barbouille du papier!

[*] Granpierre, Galapiat.
[**] Granpierre, Zarine, Galapiat.

GALAPIAT, l'apercevant.

Ah! c'est vous ! (Il se lève.)

ZARINE.

Oui, mon chéri ! dis-donc, Barbe-Bleue dort, dis-moi des douceurs...

GALAPIAT.

Ah ! la gourmande...

ZARITE.

Tu refuses ?...

GALAPIAT, lui offrant la lettre.

Prenez ces lignes.

ZARINE.

Une épître !

GALAPIAT.

Pour vous !

ZARINE.

Tu m'as écrit en vers ?

GALAPIAT.

Non, pas en *vert*, lisez, vous verrez la couleur !

ZARINE.

La couleur !

GALAPIAT.

Mais prenez donc.

(Zarine prend la lettre.)

SCÈNE XIV.

LES MÊMES, FLORA.

FLORA, qui vient d'entrer. *

Une lettre !... ah! c'est du propre !

ZARINE.

Tais-toi, ne réveille pas le chat qui dort.

GALAPIAT, à part.

Ça va chauffer !... je file ! (Il sort par le fond.)

FLORA.

Madame, donnez-moi cette lettre. **

ZARINE.

Comment ? petite dinde !...

FLORA, saisissant la lettre.

Il me faut la lettre !

ZARINE, la retenant.

Tu ne l'auras pas !

FLORA.

Je veux la lettre !

---

* Granpierre, Flora, Zarine, Galapiat.

** Granpierre, Flora Zarine.

ZARINE.

Tu ne l'auras pas !... (Elles tirent la lettre chacune de son côté.)*

GRANPIERE, s'éveillant.

Hein ! quoi ? qu'est-ce qui a prononcé une lettre ?

ZARINE, lâchant la lettre.

Silence !

GRANPIERRE.

Pour qui la lettre ?... pour moi ?... donnez !

FLORA.

Non, monsieur Granpierre !... elle est de mon mari.

GRANPIERRE.

Qui ça, votre mari ?

FLORA.

Galapiat !

GRANPIERRE.

Ah ! oui !... la chicorée !... et il t'écrit... ici, dans la maison, à deux pas l'un de l'autre ?

FLORA, qui a décacheté la lettre.

Vous permettez ?

GRANPIERRE, à part.

Oh ! oh ! ceci est ténébreux !

FLORA, lisant à part.

« Zarine !... je n'aime que ma femme, rien que ma femme. (Parlé.) Il m'aime ! (Lisant.) « Prends ça comme tu voudras ! va « te faire fiche ! tu m'embêtes... Je suis avec la plus haute « considération... »

GRANPIERRE.

Tu as fini ?... passe-moi le poulet ?

ZARINE.

Je suis flambée !

FLORA.

Ah ! monsieur Granpierre, ce n'est rien, c'est un secret de ménage !

GRANPIERRE.

Ne m'agace pas !... passe-moi le poulet !

FLORA, la déchirant.

Vous ne la lirez pas !

GRANPIERRE.

Nom d'un tonnerre ! (Il prend une chaise et menace Flora.)

ZARINE, se plaçant entr'eux.

Ah ! monsieur ! une faible femme !

GRANPIERRE.

Bah ! quand on n'a rien de mieux dans la main ! (Il lève encore la chaise sur Flora qui se sauve et Granpierre la poursuit tout autour du théâtre.)

' Granpierre, Zarine, Flora.

FLORA.

Papa ! papa ! au secours ! au secours !

SCÈNE XV.

LES MÊMES, GALAPIAT.

GALAPIAT, accourant.

Qu'est-ce qui aboie ?... est-ce qu'on a marché sur la patte à un caniche ?

GRANPIERRE, le prenant par l'oreille.

Ah ! Lindor ! viens ici, Lindor et prête-moi l'oreille.

GALAPIAT.

Je vous la prête, patron ! mais rendez-la-moi le plus tôt possible !

GRANPIERRE.

Réponds !... tu viens d'écrire à ta femme ?

GnLAPIAT.

Moi !... à ma femme !... je pourrais vous dire oui ! mais j'aime mieux vous dire non.

GRANPIERRE.

J'en étais sûr !... Galapiat, tu es l'amoureux de mon épouse !

GALAPIAT.

Moi, patron ?

GRANPIERRE.

Toi, patron, tu aimes Zarine !

GALAPIAT.

J'aime ma femme !... j'adore ma femme, parole sacrée !

GRANPIERRE.

Tu les aimes donc toutes les deux ?

GALAPIAT.

Je n'aime que Flora, elle seule inclusivement.

GRANPIERRE.

Alors c'est mon épouse qui en tient pour toi !

ZARINE.

Un pareil outrage !... moi, la vertu même !... moi, qui mériterais d'être citée...

GRANPIERRE.

En police correctionnelle ! c'est vrai ! nous verrons ça plus tard... Suis-moi, Galapiat !

GALAPIAT.

Où ça patron ?... où ça ?

GRANPIERRE.

Tu le verras !

* Flora, Galapiat, Granpierre, Zarine.

Air du Piège.

... bienfaits je vais te combler !

ZARINE, *à part.*

Ah ! quelle effroyable tempête !

GALAPIAT, *à part.*

De frayeur ! Il me fait trembler !

GRANPIERRE.

Me suivras-tu ?

FLORA, *à part.*

J'en perds la tête.

GALAPIAT.

Faut-il t'arracher ton collet.

FLORA.

Il va lui briser l'échine.

GALAPIAT.

Sapristi ! j'éprouve un effet
Comme si j'avais pris médecine.

GRANPIERRE, le reprenant au collet.

Allons ! marche !

FLORA.

Mais, monsieur...

GRANPIERRE.

Et vous, ne bougez pas de là ? où je vous fais donner le knout !

GALAPIAT.

Cristi ! cristi !

(Ils sortent par le fond.)

SCÈNE XVI.

ZARINE, FLORA, puis MINCÉTOFFE.

ZARINE.

Où va-t-il le conduire ?.. un duel !... un meurtre !... ils vont
se massacrer !

FLORA.

Ah! cette fois-ci, je suis veuve pour tout de bon !

ZARINE.

Ce serait le moment de sangloter ; mais je ne sais pas sangloter... c'est bien fàcheux !

FLORA.

Aussi, c'est votre faute !... De quoi vous mêlez-vous d'aimer
mon mari ?

ZARINE.

Et toi, pourquoi l'as-tu épousé, petite coureuse ?

FLORA.

Coureuse !... Tenez, si je n'étais pas une fille bien élevée, je
vous grifferais la figure !

ZARINE.

Mais si je ne respectais pas ma qualité de fabricante, tu aurais déjà reçu une tripotée ?

FLORA.

Moi ! essayez donc !

ZARINE.

Tu me défies, attends, attends !...
(Elle se dispose à se battre.)

MINCÉTOFFE, entrant.

Eh bien ! eh bien ! en voilà du joli ! *

ZARINE.

Ah ! Mincétoffe !... Où sont-ils ?... les avez-vous vus ?

MINCÉTOFFE.

Oui ! c'est-à-dire je ne les aurais pas vus sans mon pince-nez... mais j'avais mon pince-nez, et je les ai vus.

FLORA.

Où allaient-ils ?

MINCÉTOFFE.

Le patron tenait Galapiat par le collet, il a même déchiré son habit.

FLORA.

Demain, je lui ferai une reprise.

MINCÉTOFFE.

Tu es un agneau !... je te proclame agneau !

ZARINE.

Ensuite !

MINCÉTOFFE.

Ensuite le tigre a appelé quatre ouvriers !... les plus robustes de la fabrique ! quatre Samson... pas de la Comédie-Française !... Il leur a dit quelques mots que je n'ai pu entendre malgré mon pince-nez... après quoi ils ont sauté sur Galapiat, et moi j'accours plein d'horreur !... Je dois avoir les cheveux hagards !

ZARINE.

Ils vont l'éreinter de coups de trique !

FLORA.

Mais papa, il faut empêcher. (Elle remonte.)

MINCÉTOFFE. **

Bah ! ça le corrigera peut-être, le feu purifie tout.

FLORA.

Non, papa, venez... il faut courir.

* Flora, Mincétoffe, Zarine.
** Mincétoffe, Flora, Zarine.

SCÈNE XVII.

LES MÊMES, GRANPIERRE.

GRANPIERRE, paraissant et faisant signe à Mincétoffe et à sa fille.*
Allons! furtte !

ENSEMBLE.

Air de : *L'Etoile du Nord.*

MINCÉTOFFE ET FLORA.	GRANPIERRE.
Soyons gentils et sages,	Soyez gentils et sages,
Eh ! vite décampons.	Prenez la porte, allons,
Il connait nos visages,	Je connais vos visages,
Montrons-lui nos talons !	Montrez-moi vos talons !

(Mincétoffe et Flora sortent.)

ZARINE, à part, auprès de la table où elle voit un canif.**

Un canif ! (Elle le prend.) Ah ! si Galapiat n'est plus, je me
perce d'outre en outre, pourvu que mon corset ne me gêne pas !

GRANPIERRE.

Zarine, tu ne demandes pas ce que j'ai fait de ce pauvre
Galapiat ?

ZARINE.

Je me fiche pas mal de lui !

GRANPIERRE.

Tu n'es guère curieuse ! Tiens, regarde un peu dans la
cour ! (Il ouvre la fenêtre de droite.)

ZARINE.

Vous ouvrez la fenêtre...? il fait bien froid.

GRANPIERRE.

Oui... il a gelé cette nuit !... dix degrés Réaumur !

ZARINE.

Je grelotte.

GRANPIERRE.

C'est égal !... fais-moi le plaisir d'examiner cette cuve ?

ZARINE.

Eh bien ! quoi ? c'est une cuve !

GRANPIERRE.

Elle est haute cette cuve !... elle est vaste cette cuve !... elle
est remplie d'eau glacée !

ZARINE.

Il m'importe peu !

GRANPIERRE.

Tu vas rire ! Figure-toi que Galapiat en se débattant contre
mes ouvriers s'est mis en transpiration... et j'ai eu l'idée, que
je trouve assez joviale, de lui faire prendre un bain russe !...
N'est-ce pas que c'est une bonne farce ?

---

* Mincétoffe, Granpierre, Flora, Zarine.
** Zarine, Granpierre.

ZARINE.

'C'est une charmante plaisanterie !

GRANPIERRE.

Rions en beaucoup !... Eh ! eh ! eh !

ZARINE.

Je m'en tiens les côtes !... Eh ! eh ! eh ! (Ils rient ensemble.)

GRANPIERRE.

Dis donc !... je crois qu'il en crèvera !

ZARINE.

Mais oui, il pourra bien en crever !

GRANPIERRE.

Il est là tout prêt ! je n'ai qu'à lever un doigt.

ZARINE, à part.

Ouvrons mon canif !

GRANPIERRE, l'examinant.

Elle ne blêmit pas ! (Faisant signe à la fenêtre.) Enlevez le ca-
nard !... Vois-tu ?... voilà qu'on le soulève ! (A part.) Son mas-
que est toujours serein !

ZARINE, à part.

J'ai mon canif !

GRANPIERRE.

Il est suspendu !... Il peut même se regarder dans la glace.
(A part.) Son sein ne palpite pas !... j'allais faire une boulette !
(A la fenêtre.) Arrêtez ! arrêtez ! je supprime le bain. Tout est
lavé !

ZARINE, à part.

Quel bonheur !

GRANPIERRE.

O ma Zarine !... Je voulais voir si tu broncherais ; tu n'as
pas bronchée... tu es pure ! tu es blanche comme un petit mou-
ton !... Je te mettrai un ruban rose au cou avec une sonnette,
et tu bêleras... Promets-moi de bêler comme ça. (Il bêle.)

ZARINE.

Qu'est-ce qu'il me chante ?

GRANPIERRE.

Ah ! que je suis content !... Tra deri dera... tra la la lère.
(Il danse.)

ZARINE.

Que veut dire ce changement brusque et saccadé ?

GRANPIERRE.

C'est moi qui étais un grand monstre !... Appelle-moi grand
monstre !.., hein ! ça va-t-il ?

ZARINE.

Le fait est, mon ami, que vos soupçons...

GRANPIERRE.

Zarine ! je vais te dévoiler mon âme !... Tu vas la voir toute
nue... et tu seras épouvantée !... Viens là-bas ! (Il l'entraîne
dans un coin.)

ZARINE, à part. *

Grands Dieux ! que va-t-il m'apprendre ?

GRANPIERRE.

Ne laisse pas tomber mes paroles, elles pourraient se casser !
retiens-les bien !... La cigale ayant chanté tout l'été se trouva
fort dépourvue... Hein ! comme c'est horrible !... la cigale qui
se trouve dépourvue !... pauvre cigale ! Après ça, ce n'est pas
la faute du gouvernement.

ZARINE.

Ah ça ! mais on dirait que la tête...

GRANPIERRE, se remettant à danser.

Tra deri dera, deri, deri, de rein... A boire !... à boire ! toujours à boire ! (Il va à la table de gauche et boit.)

Air de *Galathée*.

Verse encore,
Jusqu'à demain.
Vidons tous les deux cette amphore,
Et que la soif qui me dévore
S'apaise par ce jus divin.

Air : Quand on est mort, c'est pour longtemps.

La mort offre mille agréments.
Aristote
Les a mis en note ;
Elle nous guérit pour longtemps
De la cocotte
Et du mal de dents.

(Pendant ce couplet, Mincetoffe, Flora, Galapiat et les ouvriers
paraissent au fond. Zarine leur fait signe d'avancer.)

GRANPIERRE, apercevant Galapiat. **

Grands Dieux ! c'est elle !... la voilà !... O mon adorable
Dorothée ! (Il prend Galapiat et l'embrasse sur le front.)

GALAPIAT.

Il m'appelle Dorothée !

GRANPIERRE.

Mes amis, jusqu'à présent, je vous avais caché mon rang et
ma naissance !... Je suis Robin-des-Bois !... voici ma fiancée !...
Voulez-vous me voir valser avec elle !... je vais vous en donner pour deux sous !

GALAPIAT.

Cristi ! cristi !

GRANPIERRE , *valsant avec Galapiat.*

Air : *Valse de Robin des Bois.*

Allons, ma belle !
Ma tourterelle !

* Granpierre, Zarine.
** Flora, Granpierre, Galapiat, Zarine, Mincétoffe.

GALAPIAT.

Il faut hurler avec les loups !

GRANPIERRE.

Sois moins timide,

D'un pas rapide,

Tournons, tournons comme des fous !

(Sur la reprise de l'air il fait tourner Galapiat très-vite et va tomber sur un fauteuil à droite, tandis que Galapiat va tomber à gauche.)

GALAPIAT.

De l'air ! de l'air ! j'ai les poumons sans connaissance !

ZARINE.

Vous voyez, Mincétoffe !

MINCÉTOFFE.

Il est timbré !... je l'avais prédit !

ZARINE.

Le coup de marteau est complet !

MINCÉTOFFE.

Vous voilà fabricante d'allumettes chimiques !

ZARINE.

La chimie me réclame... je m'y consacre entièrement... demain je prendrai un professeur ! Vous, Galapiat, allez tenir mon dépôt d'allumettes de Villers-Cotterets.

FLORA.

Galapiat, partons tout de suite.

MINCÉTOFFE.

Et votre mari ?

ZARINE.

Air : *Ton ton ton ton tontaine ton ton.*

Je vois, et sans beaucoup de peine,

Qu'il file un fort mauvais coton,

Ton ton tontaine ton ton !

MINCÉTOFFE.

Eh bien ! à l'instant qu'on le mène,

Oui qu'on le mène à Charenton,

Ton ton tontaine ton ton.

LE CHŒUR, *dansant en rond.*

Eh bien ! à l'instant qu'on le mène

Oui qu'on le mène à Charenton,

Ton ton ton taine ton ton.

GRANPIERRE, *se levant; tout le monde fait un geste d'effroi.*

J'adore les calembredaines,

Nous avons chanté sur ce ton,

Ton ton ton taine ton ton !

Flora, Galapiat, Zarine, Mincétoffe, Granpierre.

DARINE.

Il faut nous passer nos fredaines,
Ou nous conduire à Charenton.
Ton ton ton taine ton ton.

(Tout le monde danse en rond et chante.)

Il faut nous passer nos fredaines. etc.

(On danse en baissant d....)

FIN.

Clermont (Oise). — Imp. A. DAIX, rue de Condé, 58.

Imprimé en France
FROC021451060720
24425FR00006B/245